Couverture inférieure manquante

DEBUT D'UNE SERIE DE DOCUMENTS
EN COULEUR

LES TRIBULATIONS

DE

L'ABBÉ KERRET DE KÉRAVEL

PAR

ANT. DUPUY

Professeur d'Histoire à la Faculté des Lettres de Rennes.

(Extrait du tome XVI des Mémoires de la Société Archéologique du département d'Ille-et-Vilaine.)

RENNES

IMPRIMERIE DE CH. CATEL ET Cⁱᵉ

Rue Leperdit, 2 bis.

1884

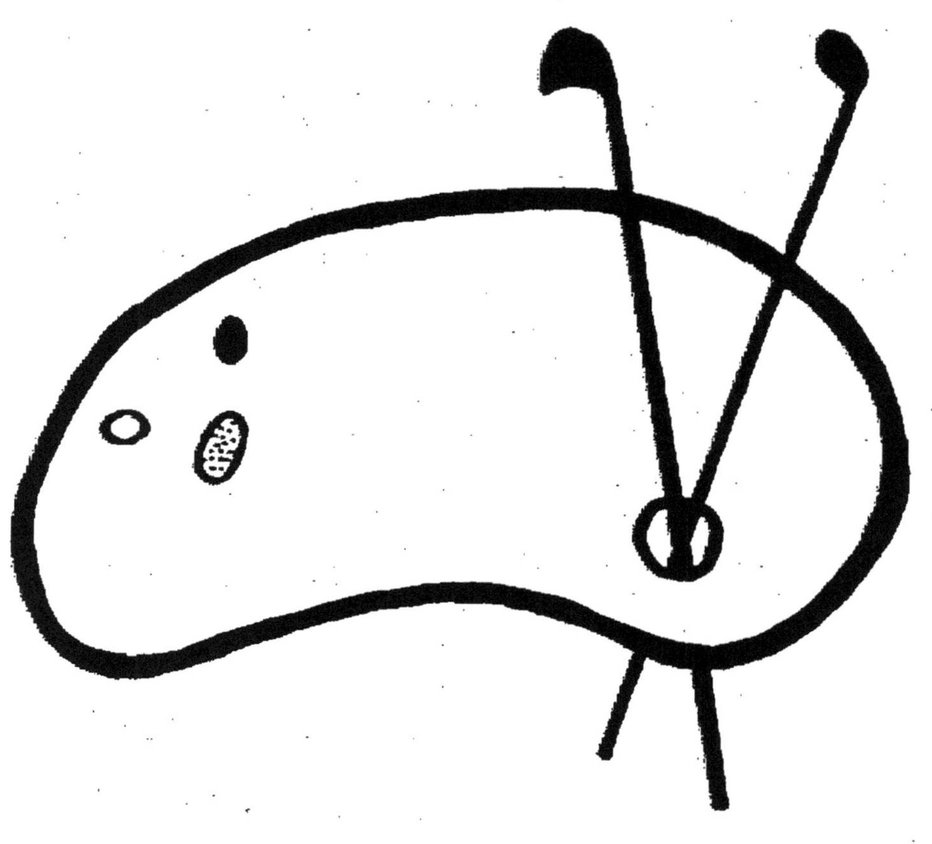

FIN D'UNE SÉRIE DE DOCUMENTS
EN COULEUR

LES

TRIBULATIONS

DE L'ABBÉ KERRET DE KÉRAVEL

1781-1783

L'abbé Kerret de Kéravel appartenait à une famille de gentilshommes pauvres de la ville de Morlaix, dans l'évêché de Tréguier. Trois de ses frères embrassèrent la carrière des armes et se distinguèrent, les deux premiers dans l'armée de terre, le dernier dans la flotte. Lui-même, après avoir occupé pendant dix ans plusieurs cures importantes, devint en 1729 recteur de Saint-Mathieu, à Morlaix.

La paroisse à la tête de laquelle il se trouvait placé était à la fois la plus pauvre et la plus peuplée de la ville. Elle n'était habitée que par des artisans réduits à vivre au jour le jour. Le recteur n'avait pas même de revenu fixe, parce qu'il dépendait nominalement du prieuré de Saint-Mathieu, dont le titulaire payait, à titre de portion congrue, 300 liv. par an au recteur et 150 liv. au curé ou premier vicaire. Quant au casuel, il variait de douze à quinze cents livres par an. En somme, dans les meilleures années, quand la portion congrue était régulièrement payée, ce qui n'arrivait pas toujours, les recettes du recteur ne dépassaient pas 1,800 liv.[1]

Pour un ecclésiastique de « condition avantageuse, » il est évident que la paroisse de Saint-Mathieu ne constituait par elle-même qu'un mince bénéfice. L'abbé de Kéravel aurait eu à se plaindre de son sort s'il n'avait eu d'autres ressources que celles de sa cure. Mais ses prédécesseurs avaient trouvé un moyen aussi simple qu'ingénieux d'augmenter leurs revenus. Dans la seconde moitié du xviie siècle, les prédications populaires de Michel Le Nobletz et du P. Maunoir avaient ranimé le zèle religieux en Basse-Bretagne. Ces deux ardents missionnaires avaient transformé toutes les classes de la société, en leur inspirant à la fois le goût de la vie contemplative et le besoin d'une instruction chrétienne plus étendue. Bientôt sur tous les points du territoire s'élevèrent des maisons de retraite où les fidèles allaient passer des semaines entières, pendant lesquelles ils vivaient en commun, séparés du reste du monde, uniquement appliqués à des exercices de piété. Il y eut des maisons de ce genre à Brest, Quimper, Morlaix, Saint-Pol-de-Léon, Tréguier. La ville de Morlaix eut même deux maisons de retraite à la fois, l'une pour la noblesse et la bourgeoisie, l'autre pour les artisans et les laboureurs.

L'utilité de ces établissements était incontestable, surtout pour les basses classes de la société. Elles contribuaient à entretenir en même temps la ferveur religieuse et le sentiment moral dans le menu peuple. « On sait qu'on n'aime la vertu et qu'on ne fuit le vice qu'après s'en être fait de justes idées, écrivait en 1731 un ecclésiastique de Morlaix, et que

1. Pour tout cet épisode, nos sources sont les pièces des liasses C, 670 et 671 des Archives d'Ille-et-Vilaine.

ces idées ne viennent que par la voie de l'instruction, surtout
aux gens grossiers. En sept jours on fait passer devant les
yeux à de pauvres paysans toutes les grandes vérités qui font
l'honnête homme. Ils les reçoivent avec avidité, parce qu'ils
sont venus pour cela de leur propre mouvement. Rendus
chez eux, ils les répètent à leur famille. Qui est-ce qui peut
se plaindre qu'on inculque pathétiquement à un domestique,
à un tisserand, à un marchand toilier, qui ont nos biens entre
les mains, de n'être ni paresseux, ni fripons, ni de mauvaise
foi, et qu'il faut restituer et le bien et le temps perdus? »

Les retraites destinées aux classes élevées de la société ne
restèrent pas longtemps en faveur. A Morlaix, la maison
bâtie pour la noblesse et la bourgeoisie finit par être délais-
sée, et tomba en ruine, faute de clientèle. Les établissements
destinés au menu peuple conservèrent leur prospérité. Ils
avaient été en général fondés avec le produit des donations
pieuses et des aumônes. Les instructions y étaient données
en bas-breton. Elles étaient accompagnées de tableaux propres
à frapper les yeux des auditeurs. Les retraites étaient annoncées d'avance au prône des églises, dans toutes les paroisses
voisines. Les fidèles trouvaient dans l'établissement une chapelle, des lits, des cellules, des vivres. Chaque retraite durait
sept jours, pendant lesquels, moyennant une modeste rétri-
bution, ils étaient logés, nourris et instruits.

La maison des Retraites de Morlaix avait été bâtie en 1678
par l'abbé Jagu, recteur de Saint-Mathieu. Elle comprenait
une centaine de lits, soixante-six cellules, une chapelle, deux
cuisines, un réfectoire. Ce n'était pas une maison de luxe :
la construction était légère; les murs étaient en bois et en
terre; les appartements étaient petits, bas d'étage, les fenêtres
étroites, les lits fixés à la muraille. Le mobilier était simple
et rudimentaire. La maison était placée sous la direction du
recteur de Saint-Mathieu. C'est lui qui hébergeait et instrui-

sait les fidèles; le mobilier, les provisions lui appartenaient. Les douze retraites qu'il donnait chaque année lui imposaient une première dépense assez considérable, mais lui rapportaient un bon revenu. Chaque retraite lui procurait un bénéfice net de 400 liv. C'était donc près de 5.000 liv. qu'il ajoutait aux revenus de sa cure. Cette cure devenait ainsi l'une des plus importantes du diocèse de Tréguier. L'évêque lui-même ne tirait pas plus de 10.000 liv. par an de sa mense épiscopale.

Lorsque l'abbé Kerret de Kéravel fut placé en 1729 à la tête de la paroisse Saint-Mathieu, plusieurs circonstances lui avaient gagné la faveur de son évêque. C'étaient sa naissance, les services de ses ancêtres, son talent, son titre de docteur en Sorbonne. Enfin, dans plusieurs paroisses il s'était distingué par son zèle apostolique. Il avait distribué des aumônes, réparé et embelli de ses deniers plus d'une église. Malheureusement pour lui, à ces qualités dignes d'estime il unissait de graves défauts qui furent aussitôt remarqués à Morlaix et lui attirèrent de redoutables inimitiés. Il était hautain, fier de sa naissance, jaloux de ses droits, intolérant. L'importance même des revenus qu'il tirait de la maison des Retraites lui attira des envieux. Il y avait à peine seize mois qu'il avait pris possession de sa cure, qu'il était déjà entouré d'ennemis.

Le plus acharné de tous était l'abbé Lemère, prieur de Saint-Mathieu. C'était un intrigant qui ne manquait ni d'esprit, ni de littérature. Après avoir passé plusieurs années à Paris dans la domesticité d'un grand seigneur dont il instruisait les enfants, il obtint, grâce à la protection de son patron, le prieuré de Saint-Mathieu. Ce prieuré constituait un bénéfice simple, sans charge d'âmes, qui n'avait que des revenus incertains et des droits mal définis. Le pape, le roi et l'abbé de Saint-Mathieu Pointe-de-Terre s'en disputaient la collation. Les revenus comprenaient les droits féodaux à percevoir sur trois pauvres rues de Morlaix; le loyer de quelques masures; le produit d'un four banal; de maigres chefs-rentes; une part des dîmes de la paroisse de Plourin; une rente sur la maison des Retraites. Ce chétif revenu était grevé des deux portions congrues qu'il y avait à payer au recteur et au curé de Saint-Mathieu, si bien qu'au commencement du XVIII' siècle le produit net du bénéfice ne dépassait pas 50 liv. par an.

L'abbé Lemère en fut pourvu en 1720, à une époque où le système de Law conservait encore son crédit en province. Il se rendit à Morlaix. « Il y débuta en prélat, avec quelques billets de banque : gros jeu, grosse table, chaise à porteurs, perruque séculière, habit équivoque violet à boutons d'or. Cela dura quatre à cinq mois. Les billets étant expirés, il fit une retraite aux Récollets, d'où il revint totalement transformé en huit jours : habit et manteau longs, perruque régulière, suppression de jeu, de table et de train. » Il était temps, car l'irrégularité de sa conduite lui avait attiré les censures de l'évêque de Tréguier.

Son unique préoccupation fut dès lors de se défaire avantageusement de son bénéfice, dont il évaluait le revenu à 4,000 liv. Il proposa de le réunir à celui du recteur de Saint-Mathieu. Comme il exigeait une indemnité ridiculement exagérée, sa proposition fut rejetée. Pendant un séjour qu'il avait fait à Rennes, il avait été admis dans l'Académie naissante de cette ville. Il y avait eu des succès et fait d'utiles connaissances. Parmi ses confrères figurait l'abbé Marest, conseiller clerc au Parlement de Bretagne, possesseur d'un bénéfice de 4,000 liv. de rente en Poitou. L'abbé Lemère lui offrit un échange de bénéfices. L'abbé Marest prit des renseignements sur la valeur réelle du prieuré de Saint-Mathieu et se garda bien d'accepter le marché qui lui était offert. Le seul résultat de cette proposition fut d'attirer sur l'abbé Lemère les railleries des membres de l'Académie de Rennes.

Mais il n'était pas homme à se décourager. Ne pouvant se défaire de son bénéfice, il entreprit d'en augmenter le revenu. Il intenta une série de procès à l'évêque de Tréguier, aux recteurs de Plourin et de Saint-Mathieu, à ses tenanciers. Pour plaider, il fallait de l'argent. Il en obtint d'un riche négociant de Morlaix, dont le fils allait entrer dans les ordres sacrés. L'abbé Lemère promit de laisser à ce jeune homme son bénéfice grossi d'honneurs et de biens. Il gagna une partie de ses procès; il imposa à ses tenanciers de nouvelles redevances féodales. Enfin, il porta le revenu net de son prieuré de 50 à 235 liv. Mais ses succès l'avaient ruiné; il était criblé de dettes; tous ses revenus étaient saisis; il devait sept années de rente au recteur et au curé de Saint-Mathieu. Traqué par ses créanciers, il retourna à Paris en 1729, laissant à Morlaix des amis remuants, et épiant l'occasion de nuire au recteur de Saint-Mathieu dont il enviait la prospérité.

L'occasion qu'il cherchait se présenta en 1731. Le 6 janvier, un violent incendie éclata à l'hôpital général, dévora cet hôpital et une partie des maisons voisines. « Voici comment on assure que le feu prit. Il y avoit des femmes logées dans une salle de l'hôpital, sous laquelle il y avoit un magasin plein de lande et autre chauffage très combustible pour le four. Le plancher de cette salle étoit usé, mauvais et percé en plusieurs endroits. Les bonnes femmes avoient des pots pleins de charbon ou de braise pour se chauffer. Un de ces pots se répandit sur le plancher et quelques charbons tombèrent sur le chauffage. Le feu s'y mitonna et parut d'abord léger. Les femmes, à qui il étoit très étroitement défendu d'avoir de ces pots, cachèrent la chose et descendirent pour y remédier. Les directeurs de l'hôpital n'en furent informés qu'à deux heures ou environ. Ils coururent à l'endroit enflammé; ils voulurent tirer parti de ce chauffage, ne voyant

que beaucoup de fumée, sans presque aucune flamme. Point
du tout : dès qu'on eut tiré quelques faix de chauffage, le
feu prit de l'air; tout s'enflamma d'abord. On crie au feu de
tous côtés et on court faire sonner le tocsin; tout le monde
sort au premier coup. Mais quand nous y fûmes, dit le séné-
chal, M' de Boisbilly, subdélégué de Morlaix, nous trouvâmes
toute l'église en feu et la flamme qui gagnoit les maisons de
l'autre côté. On bat sur le champ la générale; toute la milice
s'assemble et tout le peuple, mais quelle milice et quel peuple!
des gens épris de vin, sans haches, sans instruments, sans
seaux. »

Tout le monde, en effet, célèbre la fête de l'Épiphanie. La
ville est d'ailleurs pauvrement outillée contre le feu. Elle n'a
ni seaux, ni haches, ni grappins, ni échelles. Elle ne possède
qu'une seule pompe. Le subdélégué court le long des quais,
pour y rassembler les matelots avec des haches d'armes, des
grappins et des cordages. La plupart des barques et des na-
vires sont vides; leur équipage s'est répandu dans les caba-
rets. M. de Boisbilly réunit cependant une escouade de matelots qu'il entraine à sa suite sur le lieu du sinistre. Leur
premier soin est d'isoler l'incendie, car il se développe avec
une effrayante rapidité à la faveur du vent. Un armateur
énergique, M. Lemaigne du Gouëzou, à la tète de quelques
marins, travaille toute la nuit et périt le lendemain matin,
écrasé sous les ruines d'une maison embrasée. Le maire Le-
minihi du Rumen, homme d'une des familles les plus considérables du pays, ancien corsaire, devenu armateur et négociant, se multiplie et reste trente-six heures sans prendre de
repos. A côté de lui se distinguent l'abbé de Calloët, prévôt
de la collégiale de Notre-Dame-du-Mur, M. Desnos des Fossés,
conseiller au Parlement, et l'armateur Le Brigant du Parc.

Le 9 au soir, on est maitre du feu et l'on reconnait l'étendue du désastre. « L'hôpital général a été brûlé de fond en

comble, avec tous les meubles, linges, lits, ustensiles et provisions généralement quelconques servant aux vêtements, au coucher, à la nourriture et à l'entretien des pauvres. Cinq maisons voisines, de quatre étages chacune, avec des magasins pleins de marchandises de toute espèce, ont aussi été brûlées de fond en comble; cinq maisons et magasins de la même espèce entièrement ruinés et à demi-brûlés, et quatre dont les combles et les premiers étages ont été coupés et abattus pour empêcher les progrès du feu. Comme toute la ville étoit menacée d'incendie, ceux qui logeoient dans les quatre quartiers voisins ont tous déménagé, et comme dans ce tumulte ils ont confié tous leurs biens au premier venu, on n'entend parler que de pertes très considérables. »

L'incendie avait éclaté sur le territoire de la paroisse Saint-Mathieu. L'abbé de Kéravel n'était pas alors en ville : il se trouvait à la campagne, où il était allé visiter un malade. A la nouvelle du désastre, il accourt, offre au maire ses services, « et, n'ayant reçu aucune réponse, se mit à porter de l'eau pour servir la pompe, ce qu'il fit ce jour, la nuit suivante et la nuit du dimanche. Il demanda au trésorier de l'hôpital ce qu'étoient devenus les pauvres et de quoi on les nourrissoit. Il lui fut répondu qu'ils étoient transportés à la maison de ville et que la fournée de pain restée et sauvée de l'incendie servoit à les nourrir. Le sieur recteur ne faisoit ces demandes qu'en intention, si les pauvres n'eussent pas été pourvus, de proposer de les loger dans la maison des Retraites, dont il avoit la direction, et d'offrir plus de vingt-cinq quartiers de froment, qu'il avoit tant en pain qu'en farine, et qu'il avoit fait moudre et cuire pour la retraite qu'il avoit assignée pour le vendredi douzième dudit mois. »

Le bon recteur était animé des meilleures intentions : il eut le tort de les garder à l'état platonique. Pendant ce temps, le maire se trouvait dans le plus grand embarras. Les pauvres, au nombre de quatre-vingts, bivouaquaient à l'Hôtel de Ville et couchaient sur la paille. On ne pouvait les y garder éternellement, avec six lits sauvés de l'incendie. Il s'agissait de savoir où les placer. Le miseur Kéranfort de Forville, riche marchand de toile, était d'avis de les établir provisoirement à la maison des Retraites. La plupart des notables approuvaient hautement ce parti. Pour trancher la question, M. du Rumen convoqua le 10 janvier l'assemblée générale des notables.

Elle fut très nombreuse. La plus grande partie des ecclésiastiques, presque tous les gentilshommes et les négociants se rendirent à l'Hôtel de Ville. M. du Rumen, après avoir ouvert la séance, dit que l'assemblée a été convoquée pour examiner et décider où seront logés les pauvres en attendant le rétablissement de l'hôpital. Il consulte d'abord M. Desnos des Fossés, qui propose de les caserner, que chacun contribuera à les soulager dans la mesure de ses forces, ainsi qu'on a fait la première fois que le roi a ordonné le casernement des mendiants.

Après M. des Fossés, le sieur de Vréville, avocat, procureur du roi au tribunal de police, ami particulier de l'abbé Lemère, prononce un discours étudié dans lequel il propose de placer provisoirement les pauvres dans la maison des Retraites, que cette maison est entièrement inutile aux habitants de Morlaix, dont aucun n'y va jamais. A mesure qu'il développe sa pensée, l'abbé de Kéravel est pris d'une impatience qu'il lui devient de plus en plus difficile de contenir. Il finit par interrompre l'orateur, en disant que les retraites sont annoncées dans les paroisses de Morlaix aussi bien que dans les paroisses voisines, « et qu'il n'y a que des personnes qui, comme lui, ne fréquentent pas les églises, qui méprisent cette maison. Le sieur recteur se crut obligé de parler de la sorte pour faire ressouvenir le sieur de Vréville qu'il n'avoit pas fait ses Pâques. » M. de Vréville achève son discours sans répondre aux observations de l'abbé de Kéravel. Il se borne à conclure que, si le recteur combat la mesure qu'il propose, le seul mobile de sa conduite est l'intérêt. Le recteur réplique aussitôt « qu'il eût été fâché d'avoir un sol qui ne soit pas pour le service des pauvres, et qu'au reste personne ne sauroit le taxer d'intérêt, et que le sieur de Vréville connoissoit lui-même son désintéressement, puisqu'il savoit que, quoique il y eût seize mois qu'il étoit recteur de la paroisse, le sieur de Vréville, son paroissien riche, ne lui avoit pas donné un sol. Le sieur recteur parloit ainsi, persuadé qu'il est que tous les paroissiens riches sont obligés de droit divin de contribuer au moins de quelque chose à la nourriture et entretien d'un recteur qui, comme le recteur de Saint-Mathieu, a une paroisse des plus grandes, pleine de pauvres, et n'a aucun revenu certain, pas même la pension congrue, qui lui est contestée et qui se consume par les mauvais procès que le prieur de la paroisse lui suscite. »

Le dialogue échangé entre le recteur et le sieur de Vréville amène dans toute l'assemblée une vive agitation. Les notables discutent entre eux; ils se partagent en plusieurs groupes où la question est examinée sous toutes ses faces. Les plus modérés trouvent qu'il est grave de se saisir de la maison des Retraites, que ce sera pour le recteur une perte considérable, que l'évêque de Tréguier ne manquera pas d'intervenir en faveur de l'abbé de Kéravel. La plupart répondent « que la nécessité n'a pas de loi, que le besoin est pressant, que ce seroit un grand embarras de louer des maisons et d'y faire fournir des lits; que M. de Tréguier, qui a témoigné toujours tant d'attachement pour les pauvres de l'hôpital général, ne doit pas trouver mauvais qu'on leur cherche un asile dans une maison vide et convenable de son diocèse. »

Le tumulte devient si grand qu'il est impossible de s'entendre. Le maire monte sur une table, réclame et obtient le silence. Il dit que l'assemblée doit être suffisamment éclairée et qu'il ne reste plus qu'à savoir ce que décide la majorité. Il invite ceux qui sont d'avis de placer les pauvres dans la maison des Retraites à passer à sa droite, les autres à passer à sa gauche. Aussitôt, plus de quatre-vingts notables, c'est à dire la presque totalité des membres présents, se rangent à droite de M. du Rumen. Les seuls qui passent à gauche sont M. des Fossés et M. de Mollien, conseillers au Parlement, les prévôts de Notre-Dame-du-Mur, les recteurs de Morlaix, le subdélégué, un très petit nombre de gentilshommes et de bourgeois. Le groupe de gauche ne forme qu'une infime minorité. La plupart même de ses membres approuvent au fond l'avis de M. de Vréville, mais tiennent à ménager l'abbé de Kéravel. Les prévôts du Mur et les recteurs se croient tenus de repousser une mesure désagréable à leur confrère. M. de Boisbilly ne suit leur exemple qu'à cause de sa femme, qui appartient à la famille de Kéravel. La décision de la majorité n'est pas douteuse : le maire annonce que les pauvres seront logés dans la maison des Retraites.

L'abbé de Kéravel proteste avec énergie. Il se plaint qu'étant recteur, gentilhomme et originaire de Morlaix, on ne l'ait pas prévenu de l'objet de l'assemblée; qu'on n'ait pas daigné convoquer son frère, officier de marine. On aurait dû au moins consulter l'évêque de Tréguier, à qui seul appartient la maison des Retraites; on aurait eu tout le temps d'attendre sa réponse. On ne peut rien faire sans son autorisation, d'autant plus nécessaire qu'un Mandement de 1700 défend expressément de convertir la maison des Retraites en hôpital. Les pauvres seraient beaucoup mieux placés à l'Hôtel de Ville, où l'on peut les garder sans interrompre le commerce de toile, dont les salles restent libres. L'hôpital, d'ailleurs, n'a-t-il pas encore plusieurs appartements plus commodes que ceux de la maison des Retraites? Au besoin on peut employer, pour loger les pauvres, les maisons sans locataires. Il y en a dans la ville un bon nombre, dont une appartient au miseur. Il est vrai que, pour y établir les pauvres, il faudrait les meubler. Les deniers ne manquent pas pour cet usage, mais le miseur trouve plus avantageux pour lui de les faire valoir dans son commerce. Quoi qu'il en soit, la maison des Retraites est le plus mauvais logis qu'on puisse choisir pour les pauvres. On n'y trouve que des cellules étroites, des appartements bas, mal aérés, mal distribués; des murs lézardés; des fenêtres étroites qu'on n'ose même ouvrir, à cause du voisinage du cimetière, des boucheries et des tanneries. Les cuisines sont incommodes, les cabinets d'aisance empestés. Dans ce séjour malsain, les pauvres risquent d'être écrasés par la chute des murs, ou de contracter quelque épidémie qui, après les avoir décimés, décimera le reste de la ville.

A ces raisons le recteur ajoute « qu'au surplus, il ne convient pas de détruire cette maison, qui, servant aux retraites et à la congrégation des artisans, procure un très grand bien spirituel dans la ville et dans les trois diocèses voisins; qu'il y a lieu de croire que, la ville s'emparant de cette maison, il en arrivera comme de la chapelle Saint-Jacques de ladite paroisse, que la maison de ville, qui s'en prétend administrateur, a laissé tomber en ruine, par le mauvais emploi qu'elle a fait de ses biens, quoique cette chapelle servit à la congrégation des gentilshommes et bourgeois de la ville. » Enfin il déclare qu'il ne donnera pas les clefs de la maison des Retraites, que, plutôt que d'y laisser établir les pauvres, « il va dans l'instant faire déloger tous les lits et meubles qui s'y trouvent, ou qu'il remplira la maison de paysans qu'il attend ce soir-là en ville pour entrer en retraite le lendemain. » Il termine sa harangue en demandant acte de son opposition.

Toutes ses raisons paraissent détestables à l'assemblée. On trouvait surprenant « qu'il fût si fort alarmé des prétendus inconvénients de la maison des Retraites, de la foiblesse et de la caducité des édifices, de l'obscurité des appartements et des dangers que courroient cent cinquante pauvres d'être écrasés par les débiles poutres de cette maison, pendant qu'il ne songeoit à aucun de ces inconvénients pour quatre à cinq cents paysans qu'il trouvoit le secret d'y loger pendant chaque retraite. » La violence de son langage, sa sortie inconvenante contre les échevins à l'occasion de la chapelle Saint-Jacques, ses insinuations injurieuses contre le miseur, ses menaces enfin achèvent d'irriter les notables, qui refusent de lui donner acte de son opposition.

Le recteur annonce que, puisqu'il en est ainsi, il fera dresser procès-verbal par deux notaires. Il sort en effet et revient avec deux notaires qui, après avoir consulté l'assemblée, refusent de verbaliser. Faute de notaires, il va chercher des huissiers. Les premiers qu'il rencontre lui répondent « que ni eux, ni aucun autre huissier de la ville n'occuperont contre la maison de ville, » de peur que, lors des capitations et autres charges publiques, on ne se venge de leur hardiesse. Il retourne à l'assemblée et prie le maire d'ordonner à un notaire ou à un huissier de recevoir et notifier son opposition. Le maire refuse. Le malheureux recteur se préparait à monter à cheval pour aller à Lanmeur chercher un notaire indépendant, qui ne craignit rien des magistrats de Morlaix, quand il apprend qu'en ville se trouvait « un général et d'armes » de la sénéchaussée de Saint-Brieuc. Ce sergent consent à rédiger et à notifier son opposition.

Pendant ce temps, l'assemblée continue ses délibérations. Elle nomme quatre commissaires « pour faire état et procès-verbal de tout ce que contient la maison des Retraites, s'en emparer sur-le-champ, faire ouverture en cas de résistance, attendu le pressant besoin des pauvres. » Elle décide que le maire, comme colonel de la milice bourgeoise, donnera sur-le-champ les ordres nécessaires pour faire exécuter la délibération prise. Les décisions des notables s'exécutent aussitôt. Le maire réunit un détachement de milice bourgeoise et place des sentinelles autour de la maison des Retraites pour empêcher les malfaiteurs d'y pénétrer. Les commissaires vont au presbytère demander les clefs au curé, à défaut du recteur. Sur le refus du curé, ils font ouvrir les portes par un serrurier, dressent un inventaire du mobilier, constatent la valeur des provisions. Le soir même les pauvres y sont transférés. Le vendredi 12, l'abbé Lemoing, chapelain de l'hôpital, prie le recteur de lui remettre les clefs de la chapelle et du tabernacle : le recteur lui répond qu'il ne les lui remettra que sur autorisation de l'évêque. En attendant, il lui défend de célébrer aucune cérémonie religieuse dans la chapelle.

Dès le 11 janvier, le maire de Morlaix s'était hâté d'écrire à l'évêque de Tréguier, à l'intendant, au comte de Toulouse, pour leur rendre compte de ce qui venait de se passer et justifier la mesure prise par l'assemblée des notables. Le subdélégué, M. de Boisbilly, écrivit également à l'intendant et au comte de Toulouse. Il approuvait complètement la décision des notables, comme dictée par la nécessité. Le comte de Toulouse, gouverneur de la province, l'approuva sans réserve. L'abbé Lemère, informé par ses amis de ce qui venait de se passer, ne manqua pas d'intervenir en cette occasion. Il affectait de se considérer comme le véritable chef spirituel de la paroisse Saint-Mathieu. Il se hâta de ratifier tous les actes de l'assemblée des notables et de blâmer énergiquement la résistance du recteur.

Mais l'abbé de Kéravel agissait de son côté. L'établissement des pauvres dans la maison des Retraites l'avait exaspéré. Il était à la fois blessé dans son orgueil et lésé dans son intérêt. Il adressa ses réclamations à son évêque, au comte de Toulouse, à l'intendant. Il leur expédia une série de mémoires dans lesquels il exhalait sa colère. Il se déchaînait particulièrement contre le miseur et contre M. de Vréville. Il accusait en même temps tous les notables d'avoir méprisé la religion et l'autorité épiscopale, d'avoir trahi même l'intérêt des pauvres. « Il les comparoit tous à Judas; il les accusoit d'attentat à l'autorité du roi, de violence, d'effondrement de porte, d'avarice, d'orgueil, d'hypocrisie, d'usurpation du bien de l'Église, d'avoir mis la main à l'encensoir, de renverser les lois du royaume. » Il demandait l'évacuation de la maison des Retraites, une réparation d'honneur; que les notables en général, leurs quatre commissaires en particuliers, fussent condamnés à l'indemniser de ses pertes, indépendamment des peines qui leur seraient infligées par l'évêque.

Les violentes diatribes de l'abbé de Kéravel eurent peu de succès auprès des membres de l'administration. Elles arrivèrent jusqu'au comte de Saint-Florentin, qui les renvoya à l'intendant, M. de la Tour. Celui-ci les communiqua au subdélégué de Morlaix, pour avoir son avis, et à la communauté, pour avoir sa réponse. La communauté réfuta les accusations du recteur avec autant d'adresse que de modération. Elle se garda bien de relever ses invectives; elle se contenta de raconter les faits et de mettre en relief l'avidité et les emportements du bon abbé, auquel, d'ailleurs, elle offrait une indemnité. Elle s'assura ainsi la sympathie des gens raisonnables. « Autant la conduite des notables me paroit pleine de zèle, de modération et de désintéressement, écrivait M. de Boisbilly, autant celle du recteur de Saint-Mathieu me paroit intéressée et répréhensible en tout sens, et j'estime que la manière injurieuse et indécente avec laquelle il traite dans ses requêtes une assemblée composée de citoyens de tous les ordres, ecclésiastiques, gentilshommes et autres principaux habitants, mérite qu'il soit condamné à leur faire les réparations d'honneur qu'il demande si mal à propos d'eux. »

Le recteur réussit mieux auprès de l'évêque de Tréguier, l'abbé Jégou de Kéralio. C'était un vieillard, qui depuis plus de trente ans était à la tête du même diocèse. Il était pieux, charitable, mais plein de défiance à l'égard de l'autorité civile, qu'il croyait toujours disposée à empiéter sur ses droits. Sa susceptibilité ombrageuse lui avait attiré des démêlés avec la communauté de Morlaix. Cette communauté se tenait depuis longtemps avec lui sur le pied d'une extrême réserve. Elle lui refusait des témoignages de déférence et de soumission qu'elle n'avait jamais marchandés à ses prédécesseurs. Il accueillit donc sans hésiter les plaintes de l'abbé de Kéravel. Il crut sans peine que les notables avaient systématiquement bravé son autorité. La lettre qu'il reçut du maire était convenable et respectueuse, sa réponse fut sèche et hautaine. Le bruit courut même qu'il voulait obliger la communauté à lui envoyer une députation pour lui présenter des excuses. Pour plus de sûreté, il adressa directement au cardinal de Fleury les réclamations de l'abbé de Kéravel. Le cardinal, après avoir examiné l'affaire, « trouva qu'il y avoit eu effectivement beaucoup de précipitation et de violence de la part des échevins à s'emparer du lieu des retraites pour y mettre les pauvres de l'hôpital. » Il ordonna de faire évacuer la maison des Retraites, d'imposer à la communauté des satisfactions envers l'évêque de Tréguier et une indemnité envers le recteur de Saint-Mathieu.

C'était un triomphe pour l'abbé de Kéravel, une déception cruelle pour la communauté. Le premier résultat des ordres donnés par le cardinal de Fleury fut d'irriter tous les ennemis du recteur de Saint-Mathieu. « Ces particuliers, écrit M. de Boisbilly, regardent la maison des Retraites comme un pays ennemi où ils sont charmés de faire fourrager leurs troupes le plus longtemps qu'ils pourront. » Leur plus ardent désir serait de ruiner le recteur, « de le réduire, comme ils disent, au petit pain. » Consternés d'abord autant qu'irrités des ordres du cardinal de Fleury, leur principale préoccupation est dès ce moment d'en éluder, d'en retarder le plus longtemps possible l'exécution. Habiles et résolus, pleins de hardiesse et de dextérité, ils sont en majorité dans le corps de ville et dans le bureau d'administration de l'hôpital. Ils sont dirigés par M. de Vréville et le bailli Turgot.

En recevant les ordres du cardinal de Fleury, la communauté affecte le plus profond étonnement. Elle écrit à l'intendant pour lui témoigner sa stupeur. Elle rappelle que c'est l'abbé de Kéravel lui-même qui a porté ses plaintes à l'intendant et au ministre. La communauté a reçu communication de ses plaintes; elle y a répondu. La querelle se trouvait ainsi soumise à la juridiction administrative. Confiants dans la sagesse et l'équité de l'intendant, les échevins attendaient paisiblement sa décision. Ils ne comprennent pas pourquoi l'abbé de Kéravel, abandonnant les juges que lui-même avait choisis, s'est adressé directement à l'autorité supérieure du cardinal de Fleury. M. de la Tour répond aux échevins qu'il transmettra leurs réclamations à M. de Saint-Florentin, mais qu'il faut obéir au cardinal de Fleury et chercher pour les pauvres un autre domicile.

En même temps l'abbé de Kéralio, oubliant ses premières exigences, annonce que, pour hâter l'évacuation de la maison des Retraites, il autorisera dans son diocèse une quête au profit de l'hôpital. Les administrateurs se réunissent pour délibérer sur l'exécution des ordres du cardinal de Fleury. Parmi eux figure un homme aussi remarquable par son savoir que p... es vertus. C'est l'abbé de Calloët, prévôt de la collégiale de Notre-Dame-du-Mur. Il appartenait à l'une des plus illustres familles de l'évéché de Tréguier, cousin germain de l'évêque d'Avranches et du marquis de Coëtanfao, lieutenant-général des armées du roi, chevalier d'honneur de la duchesse de Berry. Il avait pour parents MM. de Harlay, le prince de Tingry et plusieurs autres grands personnages qui occupaient un rang élevé soit à la cour, soit dans les armées du roi. Son père avait joui longtemps d'une fortune d'au moins 20,000 liv. de rente. Lors des convocations de l'arrière-ban qui eurent lieu à la fin du règne de Louis XIV, ce gentilhomme reçut le commandement du contingent de son diocèse. Il tint à honneur de soutenir l'éclat de sa dignité; il voulut équiper à ses frais les gentilshommes pauvres. Il se ruina à force de générosité. L'abbé de Calloët, son fils, obtint après sa mort la prévôté du Mur. Grâce à l'appui de ses parents, il aurait pu se faire pourvoir d'un bénéfice plus considérable. Mais il était modeste autant que charitable. Il trouva que ses revenus suffisaient pour ses dépenses personnelles et même pour ses aumônes. Il n'avait d'autre passion que l'étude des lettres et de la philosophie. Ses auteurs préférés étaient Descartes, Malebranche, Fénelon et Bossuet. Son goût pour la métaphysique cartésienne ne lui faisait point perdre de vue les choses de la terre. Il avait l'esprit pratique, le caractère conciliant. Il avait blâmé la violence et les emportements de l'abbé de Kéravel. Il entreprit cependant, de concert avec M. de Boisbilly, d'apaiser les rancunes soulevées par le recteur de Saint-Mathieu et de résoudre amiablement la question de la maison des Retraites.

Il proposa donc au bureau de l'hôpital d'évacuer de bonne grâce cette maison: qu'il fallait profiter de la bonne volonté de l'évêque; que ce prélat était vieux, infirme. Le plus sage était, maintenant que ses jours étaient comptés, de se hâter d'accepter la quête par lui promise. On pouvait craindre de rencontrer chez son successeur des dispositions moins favorables. L'abbé de Calloët émet l'avis de louer, pour y établir les pauvres, l'auberge de la Magdeleine, grand bâtiment vide situé près des ruines de l'ancien hôpital. Les membres du bureau lui répondent qu'on a déjà fait une quête de blé après l'incendie, qu'elle a épuisé la générosité des fidèles et qu'une nouvelle quête ne produira rien. Quant à l'auberge de la Magdeleine, les ressources de l'hôpital ne lui permettent pas de se charger d'un pareil loyer. Ils décident d'établir les pauvres dans ce qui reste des anciens bâtiments et de louer dans le voisinage quelques appartements peu considérables pour le chapelain et les provisions.

Cette décision est communiquée à la communauté et à l'intendant. La communauté, après avoir délibéré, ne croit pas que sa dignité lui permette de l'approuver officiellement. Elle se borne à une approbation tacite. L'intendant ratifie formellement la décision prise par le bureau et en ordonne l'exécution. L'abbé Laurence, trésorier de l'hôpital, travaille consciencieusement et prépare les réparations nécessaires aux bâtiments sauvés de l'incendie. Il cherche un logement pour le chapelain, un hangar pour les provisions. Les administrateurs s'inquiètent de son zèle malencontreux. A force de menaces, ils le forcent de rester dans l'inaction. Ils sont en correspondance permanente avec l'abbé Lemère, qui agit pour eux à Paris. Il a conçu une ardente affection pour les pauvres de Morlaix, « ces membres précieux de Jésus-Christ. » Il se soucie peu de la maison des Retraites, dont les exercices lui paraissent complètement inutiles. Il a formé un plan magnifique pour le rétablissement de l'hôpital. Il offre généreusement de réunir son prieuré à la maison des pauvres, à condition qu'elle sera rebâtie sur les terres du prieuré. L'hôpital aura là un terrain traversé par le Jarlot, rivière par où passe tout le commerce de Morlaix. En abandonnant à l'hôpital un bénéfice dont il évalue le produit à plus de 4,000 livres, le charitable prieur espère bien obtenir en récompense un autre bénéfice encore plus important.

Quoi qu'il en soit, il demande une audience au comte de Toulouse; il lui expose son plan; il le séduit par sa faconde imperturbable. Le comte de Toulouse prend son récit au sérieux. L'abbé Lemère avertit ses amis qu'il est tout puissant auprès du gouverneur de la province; qu'il trouvera bien un moyen de faire valoir ses droits sur la maison des Retraites et d'y maintenir les pauvres en attendant le rétablissement de l'hôpital.

Encouragés par ses conseils, les administrateurs de l'hôpital restent systématiquement immobiles, sans s'occuper de la décision qu'ils ont prise au mois d'avril. Pour stimuler leur zèle, M. de Boisbilly leur communique l'ordre par lequel l'intendant approuve leur délibération et en prescrit l'exécution. Le bureau se réunit pour prendre connaissance de cette ordonnance. L'abbé de Calloët presse ses collègues de délibérer : ils répondent qu'il est nécessaire de former une commission chargée d'examiner l'affaire. M. de Kerloiguen est élu commissaire. Comme il est absent, deux autres membres sont désignés pour lui porter les félicitations de l'assemblée, après quoi le bureau s'ajourne au dimanche suivant. A la séance suivante ne se présente qu'un des deux députés. Il annonce froidement que M. de Kerloiguen ne viendra pas, que son collègue est parti pour la campagne sans qu'ils aient pu se concerter pour la mission dont ils étaient chargés. « Le bureau suivant, le député qui avoit paru la première fois ne parut pas : ce fut celui qui avoit été en campagne le bureau précédent, qui arriva seulement à cinq heures, dans le moment que le bureau finissoit. Quand on vit qu'il ne parloit pas de sa commission, le président lui en demanda raison. Il dit vraiment qu'il n'avoit pas parlé à M. de Kerloiguen, parce qu'on lui avoit dit qu'il n'approuvoit pas la sortie des pauvres de la Retraite, mais enfin qu'il lui en parleroit. Le bureau qui se tint huit jours après ne se trouva pas complet. » M. de Kerloiguen ne s'y montra pas plus qu'aux réunions précédentes.

On avait atteint de cette façon la troisième semaine de mai. Il est évident que les meneurs se jouaient de l'intendant, de son subdélégué et des ordres du cardinal de Fleury. M. de la Tour, averti par M. de Boisbilly, expédie aux administrateurs un ordre d'exécuter sans retard leur décision du mois d'avril, en leur signifiant qu'en cas de désobéissance, il fera intervenir l'autorité du roi. Le trésorier, après avoir reçu cette ordonnance, se hâte de convoquer de nouveau le bureau, qui, cette fois, se trouva au complet. MM. de Boisbilly et de Kerloiguen furent invités à la séance. L'assemblée une fois réunie, le trésorier lit la lettre de l'intendant. Les plus ardents ennemis du recteur de Saint-Mathieu disent sans s'émouvoir « que puisqu'on menaçoit de la cour, il falloit attendre à avoir ses ordres directement. » Malgré leur résistance, on discute cependant les moyens à prendre pour évacuer la maison des Retraites. Ce sont eux qui au mois d'avril avaient proposé de placer les pauvres dans la partie de l'hôpital général sauvée de l'incendie; les administrateurs modérés n'avaient accepté cet avis que par esprit de conciliation. Cette fois, ce sont les exaltés qui font des objections. Ils font observer qu'il sera très-dangereux d'établir des lits dans l'église, parce qu'on ne pourra se dispenser d'y placer des poêles pour réchauffer les malades pendant l'hiver. Les modérés se hâtent de se laisser convaincre par des arguments qu'eux-mêmes avaient déjà présentés antérieurement. La majorité décide qu'on cherchera une maison assez vaste pour y placer au moins les malades. Aussitôt les meneurs protestent et veulent lever la séance. M. de Boisbilly et l'abbé de Calloët finissent par les entraîner à leur suite à la recherche d'un local. « M. de Boisbilly et moi, lui à la tête, dit l'abbé de Calloët, nous marchâmes vers les maisons qui pouvoient convenir, et comme par force nous les y fîmes entrer. On en trouva une très grande, située sur la cour de l'hôpital, sans locataire, où on fait actuellement des réparations qui seront finies avant la fin de juin. Enfin on s'y fixa et on convint de s'assembler le lendemain pour en signer la délibération. » Cette maison n'était autre que l'auberge de la Magdeleine, déjà signalée par l'abbé de Calloët.

Le lendemain, le bureau tient une seconde séance. Cette fois, les meneurs prennent leur revanche. Dans la délibération qu'ils rédigent, ils insèrent un mémoire effrayant de toutes les dépenses nécessaires pour le déplacement des pauvres. Ils insistent d'abord sur la gravité et l'étendue des réparations indispensables à la Magdeleine. Ils réclament ensuite pour le logement des pauvres cent cinquante lits montés, huit armoires garnies de linge, une quantité invraisemblable d'articles de vaisselle, de vivres, de farine. En regard de ces dépenses ils font ressortir le triste état de l'hôpital, ruiné, privé de tous ses revenus. En réalité, les réparations à faire à la Magdeleine étaient insignifiantes : il s'agissait simplement de recouvrir un pignon endommagé par le feu. Le nombre des pauvres n'était pas de cent cinquante, mais de quatre-vingts, dont vingt et un malades. Comme les pauvres bien portants couchaient deux à deux, ils n'avaient besoin que de cinquante-six lits. Comme six lits avaient été sauvés de l'incendie, il s'agissait d'en trouver non pas cent cinquante, mais cinquante. L'administration de l'hôpital avait encore du linge, des provisions. Il lui restait au moins 5,500 liv. de rente sur 6,000 liv. Les réclamations des administrateurs exaltés étaient donc entachées d'une exagération ridicule. Leur seul but était d'effrayer l'intendant et de retarder l'évacuation de la maison des Retraites.

C'est ce que M. de Boisbilly et l'abbé de Calloët ne manquèrent pas d'indiquer à M. de la Tour. Ils ajoutèrent qu'il serait facile de se procurer des lits à la maison des Retraites; que certainement l'abbé de Kéravel vendrait volontiers et à bon compte les siens à l'hôpital, afin d'en tirer parti, attendu qu'à l'avenir les fidèles venus pour les retraites auraient toujours de la répugnance à coucher dans des lits qui auraient servi aux pauvres.

M. de la Tour, impatienté des obstacles qu'il rencontrait, rendit une ordonnance par laquelle il approuvait la délibération du bureau pour faire transférer les pauvres à la Magdeleine. Il prescrivait d'évacuer la maison des Retraites avant le 30 juin et chargeait la communauté de leur procurer les lits nécessaires. Il chargea spécialement M. de Boisbilly de veiller à l'exécution de son ordonnance. Il l'invita en outre à régler, de concert avec le recteur de Saint-Mathieu, le chiffre des indemnités auxquelles pouvait prétendre cet ecclésiastique, dans l'espoir que le recteur, pour obtenir plus tôt l'évacuation de la maison des Retraites, se montrerait peu exigeant. M. de la Tour était pressé de terminer cette affaire. Le comte de Saint-Florentin s'étonnait de sa lenteur et l'accusait de négligence. Pour stimuler le zèle de la communauté, il rendit le 18 juin une nouvelle ordonnance qui prescrivait aux maire et échevins d'assurer l'évacuation de la maison des Retraites avant le 30 juin, « à peine, en cas de refus ou de retardements, de 500 liv. d'amende, payables solidairement, par établissement de garnison militaire. »

Les ordonnances de l'intendant produisent d'abord un excellent effet. L'évêque de Tréguier et le recteur de Saint-Mathieu montrent les dispositions les plus conciliantes. Le bureau de l'hôpital prend une délibération pour transférer les pauvres à la Magdeleine, aussitôt que les réparations y seront terminées. Il charge l'abbé Laurence et M. Daumesnil de négocier avec le propriétaire de cette auberge et de passer un bail avec lui. Le 25 juin, la communauté prend une délibération « pour la fourniture de cinquante lits par forme de casernement pour le service des pauvres. » Il n'était pas possible d'acheter les lits de la maison des Retraites, parce qu'ils étaient fixés à la muraille. Il aurait fallu des frais considérables pour les en détacher et les approprier à une autre destination. M. de la Tour approuve aussitôt la délibération de la communauté. Il semble d'ailleurs que l'exécution ne rencontrera aucun obstacle. La plupart des personnes désignées pour fournir des lits se montrent disposées à les donner, « comme M. l'abbé de Calloët et autres qui en ont donné l'exemple. »

Mais aussitôt commencent les difficultés. MM. Laurence et Daumesnil ne peuvent mettre la main sur les propriétaires de la Magdeleine. M. de Boisbilly réussit à en trouver un; il lui propose un nouveau bail avec 100 liv. d'augmentation sur l'ancien loyer. L'insaisissable personnage répond qu'il n'a qu'un sixième de propriété, que tout dépend de la demoiselle de Kerguélen Nigeon, en ce moment à Rennes, propriétaire des deux tiers de l'immeuble. Le 27 juin, l'entrepreneur Lepape refuse de continuer les réparations commencées, sous prétexte qu'il n'a pas les clefs de la Magdeleine. Le subdélégué lui ordonne de continuer les travaux, sous peine de 10,000 liv. d'amende. « Il est essentiel d'observer, écrit M. de Boisbilly, que toutes ces résistances viennent beaucoup moins des propriétaires et des ouvriers, que de quelques administrateurs de l'hôpital général, amis du prieur de Saint-Mathieu, qui soufflent tout cela et qui répandent hautement que S. A. S. Mgr le comte de Toulouse désapprouve totalement tout ce qu'on a fait pour faire sortir les pauvres de la maison des Retraites, et que si l'on veut s'adresser à ce prince, il ne tardera guère à faire donner des ordres tout à fait favorables. » Quant à la maison de la Magdeleine, si on la louait à un particulier, les propriétaires n'en tireraient pas 440 liv.; l'hôpital leur en offre plus de 500 liv. « Rien ne prouve tant l'opiniâtreté de ces propriétaires et la mutinerie de ceux qui les conseillent, que la cessation des réparations de cette maison, car sans cela ils ne peuvent jamais louer à des particuliers. Mais il se trouvera bon nombre de personnes qui les dédommageront de cette perte, s'ils peuvent par là empêcher la sortie des pauvres de la maison des Retraites. » L'esprit de mutinerie gagne même les religieuses de l'hôpital, « les dames de Saint-Thomas, qui trouvoient d'abord les pauvres très mal dans la maison des Retraites, et qui les y trouvent maintenant à merveille. »

Pour lever toutes ces difficultés, l'intendant rend le 30 juin une ordonnance qui prescrit d'achever les réparations de la Magdeleine sur les fonds de l'hôpital, sauf à retenir le montant sur le prix du prochain loyer. L'ordonnance est enregistrée le 6 juillet au bureau de l'hôpital. Grâce à leurs manœuvres, les ennemis de l'abbé de Kéravel avaient en somme gagné un mois. Il devenait impossible d'évacuer la maison des Retraites avant le 31 juillet. Pendant le mois de juillet, il s'agissait non seulement d'achever les réparations de la Magdeleine, mais encore de trouver des lits pour les pauvres. Le zèle qu'avaient témoigné l'abbé de Calloët et ses amis trouva peu d'imitateurs. « Quelques avocats brouillons, écrit le 9 juillet M. de Boisbilly, font tout ce qu'ils peuvent pour engager la plupart des personnes employées sur l'état de ceux qui doivent fournir des lits, à s'opposer à l'exécution dudit rôle, sous prétexte de privilèges de naissance ou de charge, alléguant que c'est casernement et vile corvée dont tous privilégiés sont exempts; que ce seroit une planche pour les assujettir dans la suite à d'autres contributions onéreuses et dérogeantes. On a beau leur opposer qu'il n'est point question

en cela de casernement et que cette contribution est de même
nature que celle qui se fait pour l'établissement des églises et
des presbytères, dont personne n'est exempt; qu'il est même
plus essentiel en quelque façon de soulager les pauvres que
de rebâtir les temples; que c'est un devoir commun de l'humanité et une charge générale et indispensable de la société
dont on fait partie, à laquelle tout le monde doit contribuer
comme citoyen; que l'ecclésiastique y est sujet comme le séculier, le magistrat comme l'homme privé, le noble comme le
roturier; que, par une déclaration du 3 septembre 1709, re-
gistrée au Parlement le 7, Sa Majesté ordonne une contribution tous les mois dans les paroisses de Paris pour la subsis-
tance des pauvres de l'hôpital général, de l'Hôtel-Dieu et des
paroisses; que le clergé séculier et régulier et le corps de la
noblesse de Picardie s'étant opposés depuis quelques années
à une contribution pour la réédification d'un presbytère, ils en
furent déboutés par arrêt contradictoire du Conseil, et que
susciter sur cela des difficultés dans les circonstances pré-
sentes, c'est vouloir peut-être s'attirer un arrêt du Conseil en
termes durs. Malgré toutes ces raisons, plusieurs avocats
tâchent de faire naître des difficultés dans l'exécution de ce
rôle. M. de Kéramérien, frère de Mme de Kergorlay, gentilhomme domicilié à Morlaix, qui est employé dans ce rôle pour
fournir un lit conjointement avec le sieur de Vréville, procureur du roi de police, doit, dit-on, avoir l'honneur de vous
en écrire et de vous en faire parler par madame sa sœur. Ce
gentilhomme a brigué la place d'administrateur de l'hôpital,
pour être par là exempt de tutelle, curatelle et nomination à
icelle, quoique ces places soient destinées par des lettres pa-
tentes à des bourgeois de la ville. Mais la plupart des gentilshommes domiciliés à Morlaix sont fort curieux de bourgeoisie dans cette occasion-là. Il faut convenir cependant que
M. de Kéramérien, qui est homme modéré et de mérite, ne se

porteroit pas à prendre un tel parti de lui-même s'il n'y étoit
attisé par le sieur de Vréville, aussi administrateur, grand ami
et agent du prieur de Saint-Mathieu, qui publie hautement
qu'il ne donnera de lit que lorsque la maréchaussée ira en
prendre de force chez lui. »

M. de la Tour est bientôt harcelé de réclamations. La première est celle du sieur Legrand. « Si notre maison de ville
ne regardoit pas cette fourniture comme un casernement, dit
cet important personnage, je le ferois avec bien du plaisir.
Mais comme j'en suis exempt par la possession d'une charge
de gentilhomme de la vénérie, je vous supplie, Monseigneur,
de vouloir bien m'en décharger, sans que je sois obligé de
recourir à S. A. S. Mgr le comte de Toulouse, qui ne trouve
pas bon qu'aucun officier de sa maison consente à quelque
chose qui pût pour l'avenir diminuer les priviléges attachés à
cette charge. » M. Legac de Lansalut et M. de Trévagan-
Rigolé s'indignent des exigences de la communauté de Morlaix. « Cette imposition, disent-ils à l'intendant, est, sauf
respect, extraordinaire puisque, outre que l'aumône est volon-
taire, c'est qu'en cas de contribution, la noblesse se devroit
elle-même imposer, comme dans la capitation. » M. de la
Tour fait de vains efforts pour calmer leur susceptibilité.
« Vous ne devez point regarder cette imposition comme une
charge, mais plutôt comme une œuvre de charité à laquelle
vous devez vous porter de vous-mêmes, ainsi que M. le prévôt du Mur, les autres recteurs et les principaux de la ville,
qui jouissent des mêmes priviléges. C'est même par considé-
ration et par distinction pour la noblesse que la communauté
a compris des gentilshommes dans sa délibération, pour donner l'exemple de l'émulation aux autres habitants dans une
occasion si pressante, qui intéresse également tous les états,
par rapport à la religion. » M. de Lansalut est peu touché
de ces raisons. « Permettez-moi de vous observer, dit-il dans

sa réponse, qu'il est fâcheux pour nous de nous trouver seuls de notre ordre employés dans le rôle que la communauté de Morlaix a fait pour le fournissement des lits, et qu'il est inouï que les nobles de la province eussent jamais été taxés par des échevins de ville. » Ces messieurs obéiront, par déférence pour l'intendant, mais ils le prient d'expédier une ordonnance, « de façon que la communauté ne puisse envisager notre charité pour une obligation et ne s'avise plus de nous comprendre dans leurs contributions roturières. Cette confusion pourroit nous être et à notre postérité préjudiciable, si nous la souffrions sans nous plaindre. »

Le mois de juillet se passa ainsi, comme le mois de juin. Le subdélégué Boisbilly parvint à conclure un bail pour la maison de la Magdeleine, où il fit continuer les réparations. Mais la fourniture des lits n'avançait pas. Découragé par les obstacles, il pria l'intendant d'intervenir ou de lui donner des instructions précises. Il lui écrivit le 6 août : « J'ai l'honneur de vous envoyer le rôle des gens qui doivent fournir les cinquante lits pour les pauvres de l'hôpital. Nous avons suivi vos ordres, y ayant compris toutes les personnes qui sont en état, sans aucune distinction. Je vous supplie de vouloir bien l'approuver et me mander de quelle manière j'agirai, y ayant beaucoup de messieurs du clergé et de la noblesse qui se laissent dire qu'ils n'en fourniront pas. » M. de la Tour lui répondit le 14 : « Cette sorte de fournitures doit moins se faire par exécutions que par représentations, ne pouvant croire qu'il se trouve personne qui fasse sur cela la moindre difficulté. C'est une contribution de charité, à laquelle la religion et l'humanité doivent également engager ceux que vous y avez compris. Ainsi, je ne prévois pas qu'il puisse y avoir le moindre retardement de ce côté-là, mais je suis bien las des lenteurs qui ont été affectées sur toute cette affaire, depuis son commencement, tant de la part de la communauté que de celle des administrateurs. Je vous marque aujourd'hui, pour la dernière fois, que je veux que cela finisse, que les pauvres sortent de la maison des Retraites, et que le logement qui leur est destiné soit prêt au plus tard dans quinze jours. A l'expiration de la quinzaine, je condamnerai les maire et échevins à 50 liv. d'amende par chaque jour de retardement. »

Cette affaire de la fourniture des lits n'était point le seul embarras de M. de Boisbilly. Il fallait encore choisir un emplacement pour rebâtir l'hôpital. L'abbé Lemère et ses partisans insistaient pour qu'on l'établit sur les terres du prieuré. M. de Boisbilly n'eut pas de peine à démontrer que ce serait un choix désastreux pour l'hôpital, que l'abbé Lemère seul y trouverait son avantage. Conformément à son avis, M. de la Tour décida que l'hôpital serait placé sur le terrain du Spernen. Il fallut alors négocier avec le propriétaire, M. de Kerméno du Gouzillon, qui se trouvait à son château de Kermorvan, près du Conquet. Tous les efforts tentés auprès de lui échouèrent. Il déclara qu'il n'était que co-propriétaire, qu'une partie du terrain appartenait à des mineurs pour lesquels il ne pouvait répondre; qu'avant de rien décider, on aurait dû le consulter. « Je l'avais bien prévu, dit à cette occasion M. de Boisbilly. Je connais trop la roideur et l'inflexibilité de tous les esprits de ce pays-ci pour imaginer qu'ils voulussent de bonne grâce se prêter à des propositions raisonnables. » Il finit par engager l'intendant à ajourner la question, pour ne pas augmenter les difficultés et retarder encore l'évacuation de la maison des Retraites.

En effet, les obstacles se multipliaient à mesure que l'on approchait du dénouement. La mort de l'évêque de Tréguier, dans les derniers jours du mois d'août, encouragea tous les mécontents et augmenta toutes les résistances. « Toute la noblesse dit qu'elle ne fournira rien, écrit le 31 août M. de

Boisbilly, et les dames les plus dévotes paroissent les plus
entêtées sur cela. Mme la comtesse de Cerquigny, Mme de
Treffalégan, etc., qui font de très grandes aumônes, n'entendent du tout point à celle-là. On a beau leur représenter tous
les exemples qu'il y a sur cela, ils répondent tous qu'ils ne
donneront rien, à moins qu'on ne l'enlève de vive force de
chez eux. Plusieurs mêmes disent s'être pourvus à la cour et
crient fort contre le maire et les échevins de les avoir compris dans le rôle. Les quêtes qui se font tous les mois pour
les pauvres de chaque paroisse ont diminué par cette contribution de lits qu'on allègue comme un prétexte de refuser.
Ce n'est pas seulement la noblesse qui déclare hautement
qu'elle ne fournira rien : les employés se mêlent de parler
sur le même ton et disent qu'ils attendront garnison. Plusieurs de messieurs de la noblesse disent s'être pourvus à
M. le comte de Toulouse, vers le ministre, vers les députés
en cour, et se proposent d'en parler aux États prochains. »

Les administrateurs de l'hôpital général montraient de leur
côté une insigne malveillance contre tous les actes de l'administration. Ils se condamnaient systématiquement à une inertie qui paralysait tous les efforts du subdélégué et de ses
amis. « Je me rendis mardi 30 août en cette ville, dit M. de
Boisbilly, pour faire consommer le délogement des pauvres
de la maison des Retraites, de concert avec M. Laurence,
prêtre, trésorier-administrateur de l'hôpital général. Il me dit
qu'il avoit reçu un paquet de M. le maire, contenant l'état
des personnes qui doivent fournir des lits et qui ont été averties d'y satisfaire par des billets imprimés et par la semonce
des hérauts de la ville; mais, lorsqu'il présenta cet état avec
la lettre du maire au bureau de l'hôpital, le vendredi 24 de
ce mois, on ne daigna pas même en prendre lecture et,
quelque instance qu'il fît pour qu'on lui en donnât acte et
qu'on délibérât sur les moyens de consommer cette affaire,

on refusa de l'écouter et ce paquet resta sur la table, sans qu'on daignât dire un mot sur les registres. On en avait usé de la même façon quelque temps auparavant à l'égard d'une lettre écrite au bureau par M. le maire pour demander aux administrateurs la qualité des lits nécessaires, tant pour les sains que pour les malades, afin de l'expliquer en détail dans les billets d'avertissement. Quelques instances que pussent faire MM. les prévôts du Mur et Laurence pour faire sentir la nécessité d'une pareille explication pour le bien de l'hôpital, on n'y voulut jamais entendre et l'on ne fit aucune réponse au maire, qui n'a pu, par conséquent, spécifier la qualité et la fourniture des lits nécessaires. Enfin nous convînmes que M. de Laurence feroit délibérer sur le paquet par lui présenté vendredi dernier, afin d'accélérer le recouvrement des lits dans la maison de la Magdeleine, qui est toute prête. Il a fait, en conséquence, de nouvelles représentations au bureau d'aujourd'hui 31 août, mais il vient de m'apprendre qu'elles ont été absolument inutiles. Il a eu beau leur demander pourquoi ils étoient assis et pourquoi ils sont administrateurs, si ce n'est pour veiller au bien des pauvres et concourir à l'exécution de ce qui est ordonné à cet égard, le maire ayant tout fait en conséquence, nulle réponse ni délibération en conséquence, et il m'a ajouté que la supérieure de l'hôpital venoit de lui dire qu'un des principaux administrateurs étoit allé hier voir les pauvres et leur avoit dit hautement qu'ils ne sortiront pas sitôt du lieu où ils sont. M. le prévôt du Mur, qui sort de chez moi, me dit qu'il est résolu de ne plus mettre les pieds au bureau, tant que certains esprits qui brouillent tout y auront entrée. Malgré les obstacles infinis qu'on a suscités pour empêcher de mettre en état la maison de la Magdeleine, j'y ai tellement fait travailler que tous les pignons et la couverture sont non seulement achevés, mais même tous les dedans qui sont propres et commodes. Il ne manque donc plus que les lits; mais les administrateurs ne veulent se donner aucun mouvement, ni pour les recevoir, ni pour les faire placer, comme s'ils jouissoient de privilèges attachés à l'administration pour ne rien faire. »

Le bureau de l'hôpital était entièrement dominé par M. de Vréville. A force d'audace il s'était arrogé sur ses collègues une espèce de dictature; personne n'osait lui résister. Il interrompait avec hauteur quiconque osait proposer un avis contraire au sien. Presque tous les autres administrateurs avaient eu des altercations avec lui; de guerre lasse ils avaient fini par subir son ascendant. L'abbé de Calloët et l'abbé Laurence avaient seuls conservé une certaine indépendance. Il les harcelait de menaces et de sarcasmes, dans l'espoir de les forcer de se retirer, de manière à rester maître de la place. L'abbé Laurence, voyant les obstacles que présentait la fourniture des lits, en avait fait faire quinze sur les fonds de l'hôpital. Comme il avait agi sans consulter le bureau, il s'attira de la part de M. de Vréville de si rudes remontrances qu'il n'osa poursuivre son entreprise.

L'intendant, averti de tout par M. de Boisbilly, lui écrit le 3 septembre : « Puisqu'il y a peu de disposition dans les esprits pour la fourniture des lits pour les pauvres, mon intention n'est pas d'user de contrainte envers des ecclésiastiques, des gentilshommes et autres privilégiés que j'aurais cru devoir s'y porter d'eux-mêmes, par charité pour les pauvres, à l'exemple de ce qui s'est pratiqué ailleurs en pareille occasion, d'autant plus qu'il semble qu'il y en avoit plusieurs qui avoient offert non seulement de fournir des lits, mais même d'en faire don à l'hôpital. J'aurois bien pu en écrire à la cour et demander sur cela des ordres, mais je ne prends point ce parti, et, sans se désister du premier état qui a été dressé, on pourroit en faire un autre dans lequel on ne comprendroit aucun privilégié. C'est ce que je vous prie d'arranger avec les maire et échevins, afin qu'il n'y ait ni difficulté, ni retardement. Il faut absolument que les pauvres sortent de la maison des Retraites; elle ne sauroit servir d'hôpital, et, s'ils y restoient plus long-temps, cela tourneroit en dommages intérêts qui retombe-roient sur eux. D'ailleurs, il y a sur cela des ordres du roi qui sont demeurés trop longtemps sans exécution. Il est donc nécessaire de vider cette maison. Je prendrois plutôt le parti de répartir les pauvres chez l'habitant, par forme de logement, que de souffrir qu'ils y restent davantage. S'il y avoit là des-sus quelque résistance, la gendarmerie, qui arrive incessam-ment dans cette province, serviroit à procurer l'exécution des ordres de Sa Majesté. Je serois fâché d'être obligé d'en venir à cette extrémité, mais il faut que le roi soit obéi, et je vous prie de voir avec le maire et les personnes bien intentionnées à prendre les mesures nécessaires pour y parvenir. »

En même temps, M. de la Tour adressait aux administra-teurs une lettre sévère pour les inviter à renoncer à leurs tergiversations. Sans s'effrayer de ses menaces, ils lui répon-dirent le 7 septembre qu'ils n'étaient pour rien dans les re-tards dont on les accusait. Ils n'étaient point chargés de la fourniture des lits. « Ils voient avec douleur que cette impo-sition a déjà tari toutes les charités et causera pour l'avenir un préjudice plus considérable à l'hôpital que la valeur de ces lits. Les preuves en sont très manifestes par les regrets que font la plupart de ceux qui ont fait des aumônes volontaires à la quête générale qui se fit tôt après l'incendie, et par le refus que font les personnes qui avoient souscrit des aumônes en blé, d'effectuer leurs promesses. » M. de Boisbilly s'était chargé des réparations à opérer à la Magdeleine. Le 6 sep-tembre, le bureau est allé avec lui visiter cette maison. Il a vu avec étonnement « que le premier et le second étages sur la rue étoient sans volets, vitres ni fenêtres, et le troisième sans vitres ni volets, indépendamment de ce qui pouvoit manquer à l'intérieur. » Le bureau, néanmoins, a prescrit à l'abbé Laurence et au sieur Daumesnil d'aller chez M. de Boisbilly signer le bail.

Les officiers municipaux étaient mieux disposés que les administrateurs de l'hôpital général. Mais la grande difficulté était toujours la fourniture des lits. Puisque l'intendant défendait d'employer la rigueur envers les membres de la noblesse et du clergé, il était évident qu'on n'avait rien à attendre d'eux. Tout le fardeau allait donc retomber sur la classe la plus pauvre de la population. « Cette fourniture se fera, si vous le voulez, disait M. de Boisbilly, mais elle sera bien mauvaise. Chacun donnera ce qu'il a de plus mauvais, disant qu'il n'a rien de mieux, et quand il faudra après cela loger les troupes, ils crieront qu'ils ont tout donné à l'hôpital. » Sur les instances du subdélégué, M. de la Tour demanda et obtint du ministre un don de 1,500 liv. Malgré l'opposition des meneurs, le bureau de l'hôpital décida qu'il prendrait sur les fonds de l'établissement de quoi compléter la somme et acheter des lits. Les habitants de Morlaix témoignèrent hautement leur joie d'être délivrés de cette fourniture. D'un autre côté, les réparations de la Magdeleine étaient terminées. Le 13 octobre 1731, les pauvres évacuèrent enfin la maison des Retraites, qu'ils avaient occupée neuf mois.

Pour l'abbé de Kéravel c'était un grand soulagement. En lui rendant les clefs de la maison des Retraites, les échevins lui remirent l'inventaire qui avait été dressé au mois de janvier. Ils le prièrent de constater qu'ils lui restituaient la maison et le mobilier en bon état, tels qu'ils les avaient reçus. Ils lui offrirent une indemnité pour les vivres qui avaient été consommés par les pauvres pendant les premiers jours de leur établissement à la maison des Retraites. Enfin ils lui témoignèrent le regret d'avoir été forcés d'occuper si longtemps cette maison. Le recteur ne répondit rien à la proposition d'indemnité qui venait de lui être adressée. La communauté affecta de croire « qu'en repentir de tous les embarras qu'il avoit causés, il renonçoit à tout dédommagement et vouloit en gratifier les pauvres. »

Telles n'étaient point les intentions du recteur. La seule raison de son silence était que l'offre de la communauté lui semblait dérisoire. Ses prétentions allaient beaucoup plus loin. Il entendait non seulement se faire rembourser le prix des provisions employées à l'entretien des pauvres, mais encore se faire accorder une indemnité sérieuse pour le dommage que lui avait causé le séjour des pauvres en interrompant les retraites. Les pauvres avaient occupé la maison des Retraites pendant huit mois; ils lui avaient fait manquer huit retraites, dont chacune lui aurait rapporté 400 liv. Il se croyait en droit de réclamer 3,200 liv. de dommages-intérêts, non compris la valeur de ses provisions. Il consentit cependant à modérer ses exigences sur ce dernier point, qu'il réduisit à 200 liv. Au mois de décembre, il adressa à la communauté une note par laquelle il lui réclamait une somme de 3,400 liv. En même temps il adressa un mémoire justificatif à l'intendant et au comte de Saint-Florentin.

Ses réclamations paraissaient en somme assez bien fondées. Cependant elles causèrent à la communauté une véritable stupeur. « Elle croyoit cette affaire terminée, ce recteur ayant repris les clefs de la maison des Retraites des mains des commissaires des trois ordres qui s'en étoient saisis, lesquels firent à cette occasion toutes sortes de politesses à cet ecclésiastique. On ne sait donc sur quoi tombent la demande et les prétentions du recteur de Saint-Mathieu. Est-ce pour le loyer de la maison des Retraites? il n'en paie que 100 liv. au prieur de Saint-Mathieu. Ainsi les sous-locataires, qui sont les pauvres, ne doivent point payer plus cher, et comme ils n'ont été que neuf mois dans cette maison, il ne seroit dû que 75 liv. pour le prorata de ce loyer. Encore seroit-ce à l'hôpital général à payer cette somme sur ses revenus, et non pas à la communauté, dont les deniers d'octroi ne sont pas destinés à l'entretien des pauvres. » La communauté n'admet pas que le recteur ait droit à la moindre indemnité pour l'interruption des retraites. Quand il donne des retraites, il en tire un bénéfice assez légitime, qui n'est après tout que la récompense de son travail et la rémunération de sa peine. Mais à quel titre peut-il réclamer un profit sur des retraites qui n'ont pas eu lieu, une rémunération pour un travail dont il a été dispensé? En tout cas, à supposer même que sa réclamation fût fondée, ce ne serait pas à la communauté, mais au bureau de l'hôpital qu'il appartiendrait d'y satisfaire. « C'est au recteur de consulter s'il convient à un ecclésiastique de demander aux pauvres des dédommagements des profits qui lui reviennent des retraites spirituelles qu'il donne. C'est mettre en commerce la parole de Dieu d'une façon bien scandaleuse. »

Le subdélégué, M. de Boisbilly, approuvait les raisons de la communauté. M. de la Tour, comme tous les intendants, avait pour principe de ménager avant tout les revenus municipaux. L'abbé de Kéravel avait peu de chance de succès auprès de lui. Il se trouvait dans une situation réellement embarrassante. La communauté se désintéressait de la question et le renvoyait au bureau de l'hôpital général. En droit, les objections des officiers municipaux étaient indiscutables. S'il y avait, pour le séjour des pauvres à la maison des Retraites, une indemnité à payer au recteur, elle devait être prise non sur le budget de la ville, mais sur le budget des pauvres. Était-il convenable qu'un prêtre, dont le premier devoir était la charité, prélevât le plus clair du revenu des pauvres? La question était singulièrement délicate.

L'abbé de Kéravel espérait mieux réussir auprès de son évêque, M. de la Fruglaie, successeur de l'abbé de Kéralio, et auprès du comte de Saint-Florentin. Pour plus de sûreté, il consulta sur la valeur de ses réclamations un groupe d'avocats de Paris et les docteurs de la Sorbonne. Il leur exposa comment, à la suite de l'incendie du 6 janvier 1731, les pauvres avaient été malgré lui établis dans la maison des Retraites. Il leur demanda s'il pouvait réclamer une indemnité pour le profit que le séjour des pauvres lui avait fait perdre en interrompant les retraites. La question posée aux avocats était une question de droit ; la question posée à la Sorbonne, un cas de conscience. La réponse des avocats fut négative. Ils déclarèrent que le recteur n'avait nullement le droit de réclamer des dommages-intérêts pour les retraites qu'il n'avait pas données.

La réponse de la Sorbonne, datée du 20 avril 1732, fut encore moins favorable. Elle porte « qu'on ne peut se persuader qu'un ministre qui doit être le vicaire de la charité de Jésus-Christ encore plus que de son autorité, ait pu s'opposer au soulagement des pauvres par des vues d'intérêt et de cupidité, ce que l'on ne pourroit s'empêcher de croire, si on s'arrêtoit à ce qui est exposé dans son mémoire, ou du moins il auroit été guidé par un zèle mal entendu. L'intention de celui qui a établi cette maison de retraite n'a jamais été d'enrichir par ce moyen celui qui en est le directeur. On a peine à comprendre à quel titre celui qui fait aujourd'hui cette fonction peut demander 3,400 liv. de dédommagement, puisqu'il n'a rien fourni aux pauvres et qu'il n'a pas exercé ses fonctions de directeur pendant que les pauvres ont occupé cette maison. Tout commerce est défendu aux ecclésiastiques. Le gain que le curé fait sur la nourriture qu'il fournit à ceux qui ont la dévotion de faire des retraites, est-il bien dans l'ordre et l'esprit de l'Église?..... Pour ce qui est de l'assemblée de ville, on ne voit rien que de louable dans sa conduite, et on ne la croit tenue à aucun dédommagement. »

Les réponses des avocats et de la Sorbonne furent bientôt connues dans la ville, commentées par M. de Vréville et ses affidés. Elles attirèrent au malheureux recteur les railleries des notables, l'hostilité du menu peuple. Ses adversaires s'appliquaient à donner à sa mésaventure le plus de publicité possible. L'abbé de Kéravel vit bien qu'il fallait renoncer à ses premières exigences. Mais il était exaspéré des sarcasmes de ses ennemis. Il se voyait joué par eux, réduit à l'impuissance. Il avait cependant de bonnes raisons de réclamer une indemnité au moins pour ses provisions dont les pauvres s'étaient emparés, et pour les dégâts inévitables qu'ils avaient causés à son mobilier. Il résolut d'insister sur cette indemnité, ne fût-ce que pour prouver que ses prétentions n'étaient pas toutes sans fondement. Il fut soutenu par l'évêque de Tréguier et par son frère, le chevalier de Kéravel, sous-brigadier des mousquetaires. Toute sa famille s'intéressa au succès de cette affaire. Tous ses parents considéraient leur honneur comme engagé. Le chevalier de Kéravel jouissait d'un certain crédit auprès de M. de Saint-Florentin. Grâce à l'intervention de ce ministre, le cardinal de Fleury rendit en mai 1733 une ordonnance qui accordait au recteur de Saint-Mathieu une indemnité de 600 liv. payables moitié sur les deniers d'octroi, moitié sur les revenus de l'hôpital. Au mois de juin, l'abbé de Kéravel reçut cette somme. Il rendit immédiatement à l'hôpital général les 300 liv. que lui avaient payées les administrateurs. Quant aux 300 liv. qu'il avait reçues du miseur, il les fit distribuer aux pauvres de sa paroisse. Ainsi finirent ses tribulations.

Ant. DUPUY.

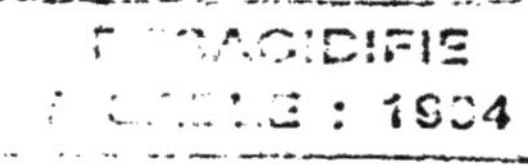

Rennes. — Imp. Catel.